나를 회복시키는 기적,
한 문장 필사의 힘

쓰는 동안,
내가 나를 **위로**했다

김송현 신시옥 유명순
이순자 임미정 정명희

쓰는 동안, 내가 나를 위로했다

1판 1쇄 인쇄 2025년 11월 20일
1판 1쇄 발행 2025년 11월 25일

발행인 김영대
펴낸 곳 대경북스
등록번호 제 1-1003호
주소 서울시 강동구 천중로42길 45(길동 379-15) 2F
전화 (02)485-1988, 485-2586~87
팩스 (02)485-1488
홈페이지 http://www.dkbooks.co.kr
e-mail dkbooks@chol.com

ISBN 979-11-7168-121-1 03810

이 책은 저작권법에 따라 보호받는 저작물이므로 무단전재와 무단복제를 금지하며,
이 책 내용의 전부 또는 일부를 이용하려면 반드시 저작권자와 대경북스의 서면 동의를 받아야 합니다.

잘못된 책은 구입하신 서점에서 바꾸어 드립니다.

책값은 뒤표지에 있습니다.

들어가는 글

필사 너머

　시기를 알 수 없는 '처음' 필사를 했을 때, 제가 왜 필사를 하고 있는지 이유를 몰랐습니다. 한 번 더 눈이 가는 문장에 밑줄을 긋고 그 문장들을 따라 적으면서 고요한 숲길을 걷는 듯했습니다. 말로는 설명할 수 없던 생각과 감정을 필사 문장들이 조금씩 스케치해 주었고, 시간이 더 지나자 '나'라는 사람에게 어울리는 한 가지 색을 선택해도 좋고 여러 색을 칠해도 좋다고 응원해 주었습니다.

　그렇게 삼 년 동안, 문장의 맛과 멋을 아는 학우들과 열여덟 번의 필사 모임을 함께했습니다. 그 속에서 학우들의 진짜 마음을 보았습니다. 자신이 선택한 필사 문장은, 잊고 있던 꿈과 맞닿아 있기도 했고, 문제 해결을 할 수 있는 시작점을 알려주기도 했습니다.

그 과정에서 깨달았습니다. 문장을 베끼어 쓴다는 것은 '내 마음의 자리로 되돌아가는 길'이라는 사실을요.

이번 공저 모임에서는 조금 더 특별한 과정을 거쳤습니다. 우리는 먼저 명언들을 공부하고, 음미하며, 서로의 생각과 감정을 나누었습니다. 그리고 각자의 경험을 바탕으로, 문장을 재창조하는 시간을 가졌습니다. 필사는 그렇게 각자의 마음을 담아낸, '살아 있는 행위'가 되었습니다.

이 책에 담긴 문장들은, 공저로 참여해주신 작가님들이 각자의 챕터에서 오래 머물렀던 마음을 글로 풀어낸 결과물입니다. 손끝에서 다시 태어난 문장들이 여러분 삶의 한 구간에 조용히 닿기를 바랍니다.

제1장 대화 : 내면 그리고 타인과 연결되는 힘

나와 먼저 대화하는 것이 모든 문제를 풀어주는 시작임을 담아주신 김송현 작가님, 존경합니다. 이 챕터의 문장들은 나 그리고 서로를 바라보며, 진심이 전해지는 대화의 순간을 포착하여 기록했습니다. 그리고 진짜 대화를 하기 위해 필요한 태도를 알려주기도 하지요. 여러분도 '대화' 문장들을 통해 자신과 타인 사이에서 연결되는 힘을 느낄 수 있을 겁니다.

제2장 걷기 : 몸과 마음을 깨우는 실천

걷는 동안 삶의 숨결과 속도를 가늠하게 해 주신 신시옥 작가님, 고맙습니다. 늘 저를 믿어주심에 큰 힘이 됩니다. 문장을 따라 자연을 따라 걸으며, 우리는 잠시 멈추어 자신을 느끼고, 영혼과 발걸음을 맞추는 시간을 경험하게 될 것입니다.

제3장 돌봄 : 나와 세상을 잇는 사랑

잔잔하지만 단단한 사랑과 위로를 담아주신 유명순 작가님, 축복합니다. 함께해 주신 세월, 든든합니다. 필사 속에서 우리는 자신을 다독이고, 다시 타인에게 향하는 마음을 발견합니다. 돌봄의 문장은 작은 손길처럼 조용히, 그러나 분명하게 우리에게 닿습니다. 사랑으로 말이지요.

제4장 배움 : 나의 삶을 풍요롭게 하는 가치

배움과 깨달음을 마음에 새겨주신 이순자 작가님, 감사드립니다. 신앙 안에서 믿음의 동행자 되어주심에 기쁩니다. 문장을 따라 쓰며, 우리는 이미 자기 안에 있는 지혜와 감각을 다시 발견하게 될 것입니다. 덕분에 배움이 늘 새로움과 풍요로움으로 다가옵니다.

제5장 필사 : 나를 증명해 주는 인생 문장

　필사의 즐거움과 깨달음을 글로 전해주신 임미정 작가님, 축복합니다. 1,300일이 넘는 필사를 해내심에 기립박수 보내드립니다. 나의 마음을 확인하게 하는 문장들은 우리에게 자기 자신을 마주할 용기를 줍니다. 이제 필사는 기록을 넘어 삶을 붙드는 힘이 되었습니다. 고맙습니다.

제6장 마음 : 세상의 중심이 되는 풍경

　마음의 풍경과 존재의 결을 남겨주신 정명희 작가님, 함께해 주셔서 감사합니다. 이 챕터는 우리 모두가 이미 존재로서 충분함을 바라보게 하고, 있는 그대로의 자신과 마주하도록 안내합니다. 그동안 나와 함께해 준 마음에게 고마움을 전하는 특별한 경험을 할 수 있었습니다.

저는 믿습니다. 여러분의 손끝에서 문장이 살아 움직이고, 용기와 평안을 가져다줄 거라고요. 마음을 열고, 자신만의 속도와 리듬으로 문장을 따라 써 보시면 어떨까요. 이 시간을 통해 조금 더 자신에게 다정해지고, 자신의 마음을 이해하게 되는 멋진 순간을 기대하면서요. 그 과정이 힘들게 느껴지더라도 괜찮다고 말씀드리고 싶어요. 그것은 우리가 살아 있고, 느끼고 있다는 증거가 되니까요.

저는 확신합니다. 필사를 하며 조금 더 자신을 사랑하게 될 거라고요. 그리고 신께서 주신 사명을 발견하고 행동하게 될 거라고요. 여러분의 인생이 또 다른 누군가에게 필사 문장이 될 거라고요.

그렇기에 오늘도 참 아름다운 날입니다.

어딘가, 글이 살아 있을 것 같은 상상을 가끔 하는
책 쓰기 코치 백미정

차 례

들어가는 글 _3

김송현
제1장 대화 : 내면 그리고 타인과 연결되는 힘 _11

대화 / 알아차리다 / 시작 / 힘 / 결국 / 먼저 / 통로 / 연결 /
열쇠 / 태도 / 관찰 / 길 / 시작점 / 찾다

신시옥
제2장 걷기 : 몸과 마음을 깨우는 실천 _43

지름길 / 함께 / 지금 / 삶의 질 / 자라다 / 단순하다 / 순간 /
잠재력 / 불안 / 일단 / 흘러가다 / 꾸준하다 / 이루다 / 최고

유명순
제3장 돌봄 : 나와 세상을 잇는 사랑 _75

언어 / 먼저 / 조용히 / 비로소 / 생명 / 회복 / 지키다 / 품다 /
먼저 / 이름 / 귀 기울이다 / 건강 / 삶 / 위대하다

이순자

제4장 배움 : 나의 삶을 풍요롭게 하는 가치 _107

배움 / 성공 / 공존 / 채우다 / 보답 / 가득하다 / 풍요 /
방향 / 성취 / 만들다 / 좌우하다 / 결과 / 가장 / 어루만지다

임미정

제5장 필사 : 나를 증명해 주는 인생 문장 _139

필사 / 출발점 / 연결고리 / 꾸준하다 / 긍정 / 희열 / 응원 /
근육 / 그림자 / 감정 / 인생 / 행동력 / 나침반 / 행위

정명희

제6장 마음 : 세상의 중심이 되는 풍경 _171

마음 / 지향점 / 중심 / 밑거름 / 진실 / 고유 / 소중하다 /
바꾸다 / 견디다 / 환경 / 방법 / 하루 / 수용 / 우리

제 1 장

대화 : 내면 그리고 타인과 연결되는 힘

김 송 현

"내 주변 사람 다섯 명의 합이 바로 '나'이다."
나는 '대화'와 '대화'로 이어져 만들어진 존재다.
이제 나는, 타인의 존재를 빛나게 할 수 있는
대화를 건네고 싶다.
그대에게 내 마음이 닿길 바란다.
이 책이 그러하길 바란다.
아이들과 함께 웃고 우는
진해 무지개 어린이집 원장으로서
오늘도 몸과 마음 다해 대화하고 있다.

대화는 마음이 깨어나는 순간에 피어난다.
말을 주고받는 일이 아니라,
존재와 존재가 서로를 바라보는 시간이다.
타인과의 대화는 곧 나와의 대화를 비추는 거울이 되어,
내면의 소리를 듣게 한다.
조용히 묻고, 오래 듣고, 진심으로 답할 때
우리는 비로소 자신에게 닿게 된다.
이 책을 따라 한 줄 한 줄 써 내려가다 보면,
말이 아닌 마음으로 이어지는 대화의 힘을
경험하게 될 것이다.

대화는 존재에 대한
관심으로부터 시작된다.

대화(對話)
마주 대하여 이야기를 주고받음.

20   년   월   일

손끝으로 나눈 대화
요즘 가장 깊이 바라본 사람은 누구였나요? 이유는요?

대화 : 내면 그리고 타인과 연결되는 힘

내가 원하는 삶을 알아차리기 위해서는
내면과 끊임없이 대화해야 한다.

알아차리다
알고 정신을 차려 깨닫다.

20   년   월   일

손끝으로 나눈 대화
내가 자주 외면하는 마음 속 목소리는 무엇인가요?

한 번도 가져본 적 없는 것을 얻고 싶다면
한 번도 해본 적 없는 대화를 시작해 보자.

시작(始作)
어떤 일이나 행동의 처음 단계를 이루거나 그렇게 하게 함.
또는 그 단계.

20   년   월   일

손끝으로 나눈 대화
새로운 삶을 위해 나누고 싶은 용기 있는 대화는 무엇일까요?

대화 : 내면 그리고 타인과 연결되는 힘

내일을 바꾸는 힘,
오늘 내가 용기 내어 시작한 대화에 있다.

힘
사람이나 동물의 근육을 통해 발생하는, 스스로 움직이거나
다른 사물을 움직이게 하는 작용.
재력이나 학식, 재능 따위의 능력.

20   년   월   일

손끝으로 나눈 대화

인생을 바꾼 대화나 말 한마디가 있었나요? 그 경험을 떠올려 보세요.

자신과의 대화를 반복해서 하는 사람은
결국 꿈을 이룬다.

결국(結局)
어떤 일이 벌어질 형편이나 국면을 완전히 갖춤.
일의 마무리에 이르러서. 또는 일의 결과가 그렇게 돌아감.

20   년   월   일

손끝으로 나눈 대화
요즈음, 스스로에게 자주 되묻는 말은 무엇인가요?

대화가 왜 힘든지를 묻기보다,
내면에서 어떤 일이 일어나고 있는지를
먼저 물어야 한다.

먼저
시간적으로나 순서상으로 앞선 때.

20   년   월   일

손끝으로 나눈 대화
당신은 대화를 통해 무엇을 지키고 싶은가요?

대화란 살아 있음을 확인하고
마음이 연결되는 가장 강력한 통로다.

통로(通路)
통하여 다니는 길.
의사소통이나 거래 따위가 이루어지는 길.

20   년   월   일

손끝으로 나눈 대화

대화를 통해 상대방과 마음이 진심으로 연결된 순간은 언제였나요?

대화는 연결이자 관계의 숨이다.

연결(連結)
사물과 사물을 서로 잇거나 현상과 현상이 관계를 맺게 함.

20   년   월   일

손끝으로 나눈 대화
요즈음 당신의 대화는 상대방과의 관계를 어떻게 이어주고 있나요?

내 안의 잠든 거인을 깨우는 유일한 열쇠는
진실한 자기 대화다.

열쇠
일을 해결하는 데 필요한 요긴한 방법을 비유적으로 이르는 말.
자물쇠를 여는 쇠붙이.

20   년   월   일

손끝으로 나눈 대화
자기 대화를 피하고 있는 이유는 무엇인가요?

대화는 말보다 태도가 만든다.

태도(態度)
몸의 동작이나 몸을 가누는 모양새.
어떤 일이나 상황 따위를 대하는 마음가짐. 또는 그 마음가짐이 드러난 자세.
어떤 일이나 상황 따위에 대해 취하는 입장.

20   년   월   일

손끝으로 나눈 대화
지금 나의 대화 태도는 상대에게 어떤 감정을 남기고 있을까요?

나의 언어를 관찰하는 것은
나의 대화를 관찰하는 것이다.

관찰(觀察)
사물이나 현상을 주의하여 자세히 살펴봄.

/ 35 /

20   년   월   일

손끝으로 나눈 대화
오늘 나의 대화를 관찰해 보니 어떤 생각이 들었나요?

모든 대화에는 길이 있다.

길
사람이나 동물 또는 자동차 따위가 지나갈 수 있게 땅 위에 낸 일정한 너비의 공간.
물 위나 공중에서 일정하게 다니는 곳.

20   년   월   일

손끝으로 나눈 대화
지금 당신이 나누고 있는 대화는 무엇을 목적으로 하고 있나요?

좋은 대화는 새로운 도전을 이끄는 시작점이다.

시작점(始作點)
어떠한 것이 처음으로 일어나거나 시작되는 곳.

20   년   월   일

손끝으로 나눈 대화

오늘 어떤 대화가 당신의 도전을 시작하게 할까요?

오늘 나는 누구와 대화를 나누었나?
나무의 비밀, 바람의 이야기, 하늘의 위로.
그 속에서 오래 기다렸던 답을 찾게 될 것이다.

찾다
현재 주변에 없는 것을 얻거나 사람을 만나려고 여기저기를 뒤지거나 살피다. 또는 그것을 얻거나 그 사람을 만나다.
모르는 것을 알아내고 밝혀내려고 애쓰다. 또는 그것을 알아내고 밝혀내다.

20   년   월   일

손끝으로 나눈 대화
자연 속에서 느낀 감정들이 당신의 삶에 어떤 영향을 주었나요?

제 2 장

걷기 : 몸과 마음을 깨우는 실천

신 시 옥

"행복해서 감사한 것이 아니라
감사하기 때문에 행복하다."
오늘도 걸을 수 있어 감사하다.
평범한 하루를 만 보 걷기로 마무리하며
행복감에 물든다.
걷기는 나의 가장 좋은 습관이다.
살아 있는 동안 만 보 걷기는 계속되리라.
이 글을 읽는 독자들도 걷기에 도전하여
건강하고 행복한 삶을 영위하면 좋겠다.
잘 놀면서 잘 크는 아이들과
매일 신나게 놀이하며 걷는
푸른초장어린이집 원장이다.

걷는다는 것은 단순히 발을 내딛는 일이 아니라,
삶을 다시 시작하는 일이다.
바람에 스치는 나뭇잎처럼,
걷는 동안 마음의 먼지가 천천히 털려 나간다.
익숙한 길 위에서도 낯선 생각이 피어나고,
그 속에서 잊고 지낸 나를 마주하게 된다.
걷기는 몸이 아니라 마음이 먼저 움직이는 여정이며,
그 길 끝에서 우리는 비로소
'지금 이대로 괜찮다'라는 위로를 듣게 된다.
자, 이제 '걷기' 필사와 질문으로 함께하자.

걷기는 건강한 삶의 시작이며
행복을 누릴 수 있는 지름길이다.

지름길
멀리 돌지 않고 가깝게 질러 통하는 길.
가장 쉽고 빠른 방법을 비유적으로 이르는 말.

20   년   월   일

물음표 위를 걷다
걷기를 통해 희열을 느껴 본 적이 있나요?

지금처럼 살아도 괜찮은가?
그 답을 걷기와 함께 얻어보자.
바람, 하늘, 풀꽃이 말해줄 것이다.

함께
서로 더불어.
한데 섞여 어우러져.

20   년   월   일

물음표 위를 걷다
지금 내 마음이 가장 가고 싶어 하는 길은 어디인가요?

걷기는 결코 헛되지 않다.
지금 바로 걸어 보자.

지금(只今)
말하는 바로 이때.

20   년   월   일

물음표 위를 걷다
지금 이 걸음이 나에게 속삭이는 메시지는 무엇인가요?

삶의 질을 높이고 싶다면
걷기부터 시작하라.

삶의 질(質)
살아가는 것으로부터 얻어지는 가치, 의미, 만족의 정도.

20   년   월   일

....
....

물음표 위를 걷다

나는 하루 중 얼마나 걷고 있나요?
걷는 시간이 나의 몸과 마음에 어떤 영향을 주었나요?

_____
_____
_____
_____
_____

오늘 걸은 만큼 내일의 건강이 자란다.

자라다
힘이나 능력이 일정한 정도에 이르다.

20   년   월   일

_____

물음표 위를 걷다
걷기를 통해 내가 기대하는 건강 목표는 무엇인가요?

걷기는 나의 삶을 증명하는
가장 단순하고 확실한 행위다.

단순(單純)하다
복잡하지 않고 간단하다.

20   년   월   일

물음표 위를 걷다
요즈음 당신은 어떤 마음으로 걷고 있나요?

걷기의 즐거움을 알아가는 순간
건강은 자연스럽게 따라온다.

순간(瞬間)
아주 짧은 동안.

20   년   월   일

물음표 위를 걷다
당신은 오늘 얼마나 즐겁게 걸었나요?

내 안에는 잠재력이 가득하다.
잠재력을 깨우고 싶다면 지금 당장 걸어라.

잠재력(潛在力)
겉으로 드러나지 않고 속에 숨어 있는 힘.

20   년   월   일

물음표 위를 걷다
내 몸과 마음이 깨어나는 순간은 언제인가요?

불안한가?
걸어라!

불안(不安)
마음이 편하지 아니하고 조마조마함.
분위기 따위가 술렁거리어 뒤숭숭함.
몸이 편안하지 아니함.

20   년   월   일

물음표 위를 걷다
지금 걷는다면 무엇이 달라질 수 있을까요?

아직 늦지 않았다.
지금보다 나은 내가 되고 싶다면
일단 걷기를 시작하라.

일단(一旦)
우선 먼저.
우선 잠깐.
만일에 한 번.

20   년   월   일

물음표 위를 걷다
내가 되고 싶은 '나은 나'는 어떤 모습인가요?

당신이 걷든 안 걷든
인생은 끊임없이 흘러간다.

흘러가다
액체 따위가 높은 곳에서 낮은 곳으로 흐르면서 나아가다.
공중이나 물 위에 떠서 미끄러지듯이 나아가다.
이야기나 글 따위의 흐름이 진행되다.

20   년   월   일

물음표 위를 걷다

오늘 한 걸음이 1년 뒤 나에게 어떤 변화를 가져올 수 있을까요?

꾸준하게 걷는 것,
그것은 몸과 마음에 보내는 진실한 선물이다.

꾸준하다
한결같이 부지런하고 끈기가 있다.

20   년   월   일

물음표 위를 걷다
오늘의 필사 문장은 나에게 어떤 생각과 감정으로 다가오나요?

걷기를 시작하라.
그리고 원하는 미래를 마음껏 상상하라.
곧 이루어질 것이다.

이루다
어떤 대상이 일정한 상태나 결과를 생기게 하거나 일으키거나 만들다.
뜻한 대로 되게 하다.
몇 가지 부분이나 요소들을 모아 일정한 성질이나 모양을 가진 존재가 되게 하다.

20   년   월   일

물음표 위를 걷다
걷기와 더불어 원하는 미래를 이루기 위해 당신에게 필요한 행동은 무엇인가요?

걷기는 나에게 자유를 주고
나를 사랑하는 최고의 행위이다.

최고(最高)
가장 높음.
으뜸이 될 만한 것.

20   년   월   일

물음표 위를 걷다
걸을 때 비로소 발견하는 나만의 행복은 무엇인가요?

제 3 장

돌봄 : 나와 세상을 잇는 사랑

유 명 순

"모든 지킬 만한 것 중에 더욱 네 마음을 지키라.
생명의 근원이 이에서 남이라."
나는 나와 상대의 마음을 어루만지는 '돌봄'으로
지금 이 순간을 함께 꽃 피우고자 한다.
진정한 돌봄은 나 자신을 잘 돌보는 것에서 시작된다.
내가 온전히 나를 사랑하고 이해할 때,
비로소 타인을 진심으로 돌볼 수 있기 때문이다.
우리 모두는 사랑과 존중을 받아야 할 존재이기에
인생 여정의 끝까지 서로를 돌봐주며 나가길 원한다.
나는 오늘도 감사와 꽃, 그리고 글쓰기로
마음과 마음이 이어지는 길을 걷고 있다.

돌봄은 말의 자리를 대신해

마음의 표면을 조용히 어루만지는 섬세한 언어다.

가장 소중한 존재인 나를 향한 부드러운 손길은

결국 다른 이에게 건네질 온기와 신뢰가 되기도 한다.

사랑의 온도는 조용히 손을 내미는 순간에 스며들어

우리의 모서리를 부드럽게 깎아낸다.

내 안의 아픔을 억누르지 않고

꺼내어 다독이며 돌보는 일에서

비로소 진정한 회복과 타인을 향한 온유한 섬김이 시작된다.

돌봄은 삶을 건강하게 잇는 다리이며,

누군가의 내일을 살리는 이름임을 기억하면 좋겠다.

돌봄은 마음을 어루만지는 언어이다.

언어(言語)
생각, 느낌 따위를 나타내거나 전달하는 데에 쓰는 음성, 문자 따위의 수단.

20   년   월   일

작은 물음이 건네는 돌봄
당신은 요즘 누구의 마음을 어루만져주고 있나요?

누구보다 소중한 나를 위해
지금 내 마음을 먼저 돌보아 주자.

먼저
시간적으로나 순서상으로 앞선 때.

20   년   월   일

작은 물음이 건네는 돌봄
지금 이 순간, 나를 가장 편안하게 해줄 선택은 무엇일까요?

따뜻한 사랑은
조용히 손을 내미는 돌봄에서 시작된다.

조용히
아무런 소리도 들리지 아니하고 고요히.

20   년   월   일

작은 물음이 건네는 돌봄
내가 받았던 가장 따뜻한 돌봄은 언제였는지 기억해 볼까요?

내 마음을 먼저 돌볼 때,
비로소 웃으며 타인을 섬길 수 있다.

비로소
어떤 일이나 현상이 다른 어떤 계기로 말미암아 또는 꽤 오랜 기다림 끝에 처음으로 이루어짐을 나타내는 말.

20   년   월   일

작은 물음이 건네는 돌봄
지금 내 마음은 어떤 돌봄이 필요할까요?

오늘 나의 돌봄이 내일 타인의 생명이 된다.

생명(生命)
사람이 살아서 숨 쉬고 활동할 수 있게 하는 힘.

20   년   월   일

작은 물음이 건네는 돌봄
당신은 '돌봄'의 개념을 어떻게 생각하고 있나요?

고통을 억누르기보다
조용히 꺼내어 다독이고 돌보는 것이
진정한 회복의 시작이다.

회복(回復)
원래의 상태로 돌이키거나 원래의 상태를 되찾음.

20   년   월   일

작은 물음이 건네는 돌봄
당신은 지금 어떤 고통을 꺼내어 돌봐 주어야 할까요?

감정을 다스리는 것은 나를 지키는 동시에
타인을 돌보는 성숙한 선택이다.

지키다
잃지 않도록 하다.
떠나지 않고 살피거나 머무르다.

20   년   월   일

작은 물음이 건네는 돌봄
당신은 감정을 돌봄의 도구로 사용하고 있나요 아니면 파괴의 무기로 사용하고 있나요? 왜 그렇게 생각하나요?

진짜 돌봄은 누군가를 바꾸려 하지 않고
있는 그대로의 모습을
따뜻하게 품어주는 것이다.

품다
품속에 넣거나 가슴에 대어 안다.
기운 따위를 지니다.

20   년   월   일

작은 물음이 건네는 돌봄
상대방을 있는 그대로의 모습으로 따뜻하게 품어준다는 것은 당신에게 어떤 의미로 다가오나요?

돌봄은 말보다 마음이 먼저 가는 일이다.

먼저
시간적으로나 순서상으로 앞선 때.

20   년   월   일

작은 물음이 건네는 돌봄
당신의 마음을 보여주고 싶은 사람은 누구인가요? 이유는요?

돌봄은 손끝으로 전해지는 온기이며
말없이 건네는 사랑의 다른 이름이다.

이름
다른 것과 구별하기 위하여 사물, 단체, 현상 따위에 붙여서 부르는 말.
사람의 성 아래에 붙여 다른 사람과 구별하여 부르는 말.

20   년   월   일

작은 물음이 건네는 돌봄
돌봄을 받는 것과 주는 것 중에서 지금 당신의 마음은 어느 쪽에 더 가까운가요?

나를 돌본다는 것은
내 안의 목소리에 귀 기울이는 일이다.

귀 기울이다
주의를 집중하여 성심껏 잘 듣다.

20   년   월   일

작은 물음이 건네는 돌봄
오늘 나의 내면이 조용히 부탁하고 있는 것은 무엇일까요?

돌봄은 희생이 아니라
나와 세상을 건강하게 연결하는 다리이다.

건강(健康)
정신적으로나 육체적으로 아무 탈이 없고 튼튼함.

20   년   월   일

작은 물음이 건네는 돌봄
누군가를 돌보아 주었던 행위가 사회로 확장된 경험(선한 영향력)이 있나요?

돌봄은 삶의 깊이를 더하는 투자이다.

삶
사는 일. 또는 살아 있음.
목숨 또는 생명.

20   년   월   일

작은 물음이 건네는 돌봄
다른 사람을 돌보면서 동시에 나도 성장했던 경험이 있나요?

가장 위대한 자기계발은
돌봄을 생활화하는 것이다.

위대(偉大)하다
도량이나 능력, 업적 따위가 뛰어나고 훌륭하다.

20   년   월   일

작은 물음이 건네는 돌봄
내가 꾸준히 실천하고 싶은 '돌봄 루틴'은 어떤 모습인가요?

제 4 장

배움 : 나의 삶을 풍요롭게 하는 가치

이 순 자

"사람은 책을 만들고, 책은 사람을 만든다."
내가 가장 좋아하는 문장은 내 삶의 방향을 보여주고 있기도 하다. 꾸준함과 배움을 삶의 중요한 가치로 여기고 있는 만큼, 매일 조금씩 배우고 익히며 스스로를 단단하게 만들어 가고 있다.
또한 운동을 통해 건강을 지키고 마음의 균형을 유지하는 것을 큰 힘으로 삼고 있다. 몸과 마음이 건강해야 아이들과 함께 웃고, 아이들을 따뜻하게 돌볼 수 있다고 믿기 때문이다.
현재 나는 부산 꿈나무어린이집을 운영하며 아이들의 성장과 행복을 위해 매일 최선을 다하고 있다. 나와 다른 사람 모두가 각자의 자리에서 빛나며 함께 성장해 가길 바라는 마음으로 오늘도 배움을 선택한다.

배움은 내면의 불씨를 조용히 살려
삶의 길을 비추는 등불이다.
진짜 배움은 나와 타인을 존중하는 자리에서 피어나며,
그 존중 위에 꿈과 용기의 열매가 맺어진다.
하루를 배움의 마음으로 채우는 이는
일상의 소소한 순간들에서 풍요를 발견하고,
비로소 빛나는 성취로 응답받는다.
배움은 결코 헛되이 흘러가지 않고
삶의 방향성을 세우는 증거가 된다.
새로운 배움을 택하여
당신의 마음을 어루만져줄 때가 되었다.
당신과 함께하겠다.

진정한 배움은
자신과 타인을
존중하고 사랑할 때 시작된다.

배움
새로운 지식이나 교양을 얻다.
남의 행동, 태도를 본받아 따르다.

20   년   월   일

또 하나의 배움, 질문

공동체를 존중하고 사랑하기 위해 내가 배울 수 있는 것은 무엇일까요?

배움 그 자체가 이미 성공이다.

성공(成功)
목적한 바를 이룸.

20   년   월   일

또 하나의 배움, 질문
배움을 통해 당신은 어떤 사람으로 성장하고 있나요?

배움은 결코 헛되게 흐르지 않는다.
당신의 삶, 가치, 미래와 공존하고 있다.

공존(共存)
두 가지 이상의 사물이나 현상이 함께 존재하는 것.
서로 도와서 함께 존재하는 것.

20   년   월   일

또 하나의 배움, 질문
당신의 가치를 지탱해 주는 배움은 무엇인가요?

당신이 원하는 삶을 살고 싶다면
하루를 배움의 마음으로 채워라.

채우다
일정한 공간에 사람, 사물, 냄새 따위를 가득하게 하다.
만족하게 하다.

20   년   월   일

또 하나의 배움, 질문
나는 요즘 삶을 배우는 사람인가요, 버티는 사람인가요?

꾸준하게 배우는 사람은
언젠가 빛나는 결과로 보답받는다.

보답(報答)
남의 호의나 은혜를 갚음.

20   년   월   일

또 하나의 배움, 질문
나에게 있어 '빛나는 결과'란 어떤 모습인가요?

내가 가지 않았던 배움의 길을 용기 내어 갈 때
나의 삶은 희망으로 가득해진다.

가득하다
분량이나 수효 따위가 어떤 범위나 한도에 꽉 찬 상태에 있다.
빈 데가 없을 만큼 사람이나 물건 따위가 많다.

20   년   월   일

또 하나의 배움, 질문

희망으로 가득한 삶을 위해 오늘 내가 선택할 수 있는 배움은 무엇인가요?

새로운 배움은
풍요로운 삶의 증거가 되어준다.

풍요(豐饒)
흠뻑 많아서 넉넉함.

20   년   월   일

또 하나의 배움, 질문

당신은 배움을 삶의 부담으로 여기고 있나요 아니면 선물로 생각하고 있나요? 그 이유는요?

인생을 배움이라고 여기면
삶의 방향이 달라진다.

방향(方向)
어떤 방위를 향한 쪽.
어떤 뜻이나 현상이 일정한 목표를 향하여 나아가는 쪽.

20   년   월   일

또 하나의 배움, 질문
지금 선택하고 있는 삶의 방식이 내가 꿈꾸는 미래를 향하고 있다고 생각하나요?

같은 뜻을 가진 사람들과 함께 배워라.
그리고 성취하는 자가 되어라.

성취(成就)
목적한 바를 이룸.

20   년   월   일

또 하나의 배움, 질문
성취를 높일 수 있는 방법에는 어떤 것이 있을까요?

지금 당신의 마음은
당신의 배움이 만들어낸 것이다.

만들다
노력이나 기술 따위를 들여 목적하는 사물을 이루다.
책을 저술하거나 편찬하다.
새로운 상태를 이루어 내다.

20   년   월   일

또 하나의 배움, 질문
지금 내가 배우는 것들이 내 미래의 감정을 어떻게 바꿀 것 같나요?

삶을 좌우하는 것은 배우고자 하는
나의 자세에 달려 있다.

좌우(左右)하다
어떤 일에 영향을 주어 지배하다.

20   년   월   일

....

....

또 하나의 배움, 질문
지금 당신의 삶에서 가장 절실히 필요한 배움은 무엇인가요?

....

....

....

....

....

진심으로 배우고 행동한다면
결과는 언제나 좋다.

결과(結果)
열매를 맺음. 또는 그 열매.
어떤 원인으로 결말이 생김. 또는 그런 결말의 상태.

20   년   월   일

또 하나의 배움, 질문
당신의 배움과 행동이 주변에 어떤 영향을 주고 있나요?

세상에서 가장 강한 자는
매일 꾸준히 배우는 사람이다.

가장
여럿 가운데 어느 것보다 정도가 높거나 세게.

20   년   월   일

또 하나의 배움, 질문
어제보다 오늘 더 성장했다고 생각한 순간은 언제였나요?

끊임없이 앞을 향해 달려온 나를 위해
내 마음을 어루만져 줄 수 있는
배움을 선택해 보자.

어루만지다
가볍게 쓰다듬어 만지다.
가볍게 쓰다듬는 것처럼 스쳐 지나가다.
빛 따위가 사람이나 물체를 가볍게 비추다.

20   년   월   일

또 하나의 배움, 질문
'내 마음을 어루만져 줄 수 있는 배움'이란 무엇이라고 생각하나요?

제 5 장

필사 : 나를 증명해 주는 인생 문장

임 미 정

사자성어 '진인사대천명(盡人事待天命)'을 좋아한다. 배움을 삶의 동반자로 삼고 이를 실천하기 위해 꾸준히 노력해왔다. 이러한 습관은 필사로 이어졌고, 오늘로 1,338일째 계속되고 있다(2025년 11월 25일 현재). 필사의 힘은 생각보다 컸으며, 지금도 현재 진행형이다.

필사는 나의 과거와 현재, 미래를 잇는 연결고리이자, 자신을 깊이 들여다보게 하는 소중한 도구다. 이 책이 저자에게 그랬듯, 독자 여러분에게도 삶의 마중물이 되기를 진심으로 바란다.

현재 슬기어린이집을 운영하며, 온 마음과 온 체중을 실어 영아 학습자의 배움과 발달을 위해 놀이를 지원하고 있다.

필사는 잔잔한 손길로 마음의 문을 여는,
끊임없이 나를 만나는 사랑의 언어다.
한 자 한 자를 적어 내려가는 동안
우리는 과거의 흔적과 현재의 숨결,
그리고 아직 오지 않은 꿈을 조용히 이어 붙인다.
꾸준한 필사는 마음의 근육을 단단하게 한다.
또한 읽고, 베끼고, 사유하는 과정은
잠재력을 깨우는 나침반이며
당신의 하루를 응원하는 가장 은밀한 동반자다.
오늘 쓰는 한 문장의 필사가 언젠가 누군가의 위로가 되고,
당신 자신의 삶을 증명하는 문장으로 자리하기를 바란다.

필사는 나에게 자유를 주는 사랑의 도구다.

필사(筆寫)
글이나 문장을 손으로 그대로 따라 쓰는 것.

20   년   월   일

문장 뒤에 남은 질문
필사해 본 경험이 있으신가요?
그렇다면 당신이 생각하는 필사의 핵심은 무엇인가요?

필사는 내가 원하는 삶을
알아차리게 하는 출발점이다.

출발점(出發點)
일을 시작하거나 일이 비롯되는 지점.

20   년   월   일

문장 뒤에 남은 질문
최근 일상생활에서 새롭게 알아차리게 된 것은 무엇인가요?

필사는 나의 과거와 현재, 미래를
이어주는 연결고리다.

연결(連結)고리
하나의 목적 프로그램이 끝난 후에 다음 목적 프로그램을 호출할 수 있도록 연결되어 있는 기능.

20   년   월   일

문장 뒤에 남은 질문
당신의 지나온 날들과 앞으로의 삶을 이어주는 특별한 일이 있나요?

/ 148 / 필사 : 나를 증명해 주는 인생 문장

꾸준한 필사로 나를 이기면
세상의 절반은 이긴 것이다.

꾸준하다
한결같이 부지런하고 끈기가 있다.

20   년   월   일

문장 뒤에 남은 질문
어려움을 극복하고 꾸준히 실행해 좋은 결과를 얻은 것이 있나요?

하루 한 장 마음 챙김의 긍정 확언 필사는
내가 바라는 꿈을 이루게 한다.

긍정(肯定)
그러하다고 생각하여 인정하는 일.
적극적으로 의의(意義)를 인정하는 일.

20   년   월   일

문장 뒤에 남은 질문
내 꿈에 한 걸음 다가가기 위한 긍정 확언이 준비되어 있나요?

마음을 흔드는 문장을 만나라.
그리고 필사하며 희열을 느껴 보자.

희열(喜悅)
어떤 일에 만족하여 기쁨이나 즐거움을 느끼는 상태.

20   년   월   일

문장 뒤에 남은 질문
최근에 희열을 느끼게 해 준 문장이 있나요?

필사는 쉬고 싶을 때마다
삶이 건네는 조용한 응원의 메시지다.

응원(應援)
곁에서 성원함. 또는 호응하여 도와줌.
운동 경기 등에서 선수들을 격려하는 일.

20   년   월   일

문장 뒤에 남은 질문
필사를 멈추고 싶을 때는 언제였나요?

읽기-필사하기-생각하기-글쓰기는
마음 근육을 단단하게 만든다.

근육(筋肉)
힘줄과 살을 통틀어 이르는 말.

20   년   월   일

문장 뒤에 남은 질문
읽기-필사하기-생각하기-글쓰기 중에서 요즈음 당신 마음의 근육을 단단하게 만들어주는 것은 무엇인가요?

필사는 누군가의 그림자로 살지 않고
내 뒤에 그림자가 생기게 하는 기초가 된다.

그림자
물체가 빛을 가려서 그 물체의 뒷면에 드리워지는 검은 그늘.

20   년   월   일

문장 뒤에 남은 질문
지금 당신 마음의 그림자는 무엇을 닮아 있나요?

필사할 때 느끼는 감정은
어제의 내가 만들어 낸 것이다.

감정(感情)
어떤 현상이나 일에 대하여 일어나는 마음이나 느끼는 기분.

20   년   월   일

문장 뒤에 남은 질문
지금 당신의 감정을 색깔로 표현한다면 무슨 색일까요?

당신 인생이 누군가의 필사 문장이 되게 하라.

인생(人生)
사람이 세상을 살아가는 일.
사람이 살아 있는 기간.

20   년   월   일

문장 뒤에 남은 질문
당신의 지인이 지금 당신의 인생을 한 문장으로 표현한다면 무엇이라고 쓸 것 같나요?

필사는 더 나은 삶을 위한 진심 어린 행동력이다.

행동력(行動力)
몸을 움직여 동작을 하거나 어떤 일을 하는 힘.

20   년   월   일

문장 뒤에 남은 질문
당신의 행동력을 깨워주는 문장은 무엇인가요?

필사는 잠재력을 깨우는 쉽고 단순한 도구이자
미지의 길을 밝혀주는 나침반이다.

나침반(羅針盤)
방향을 알아내는 계기의 하나.
영구 자석(永久磁石)이 남북을 가리키는 성질을 이용하여, 작은 영구 자석인 자침을 자유로이 돌아갈 수 있게 해서 방향을 알아내는 장치.

20   년   월   일

문장 뒤에 남은 질문
나의 잠재력에는 어떤 것이 있다고 생각하나요?

필사는 단순한 기록이 아니다.
나의 마음, 나의 미래와 함께 하는 행위이다.

행위(行爲)
사람이 의지를 가지고 하는 짓.

20   년   월   일

문장 뒤에 남은 질문
필사를 하며 발견한 나만의 가치나 깨달음은 무엇인가요?

제 6 장

마음 : 세상의 중심이 되는 풍경

정 명 희

"오늘은 나의 마음이 가장 행복한 첫 번째 날이다."
나는 '마음의 힘'을 믿는다. 마음이 자라면 사람이 자라고, 마음이 따뜻하면 세상이 따뜻해진다고 믿는다. 그래서 나는 매일 아이들의 마음을 들여다보며, 내 마음도 함께 다듬는다. '마음'은 내 삶의 중심이자, 내가 하는 모든 일의 시작점이다.

힘든 날에도 나를 다시 일으켜 세우는 건 결국 내 마음이었다. 그래서 오늘도 나는, 내 마음이 가장 행복한 첫 번째 날을 새로이 살아간다.

이 책을 통해 나 자신에게는 "괜찮아, 잘하고 있어."라고 속삭이고, 독자에게는 "당신의 마음도 참 예쁘게 자라고 있어요."라고 건네고 싶다.

쓰는 동안 내가 나를 위로했듯, 이 글이 누군가의 하루를 따뜻하게 덮어주길 바란다.

마음은 우리가 매일 열어보는 가장 사적인 풍경이며,
그 풍경을 다듬는 일이 곧 삶을 다듬는 일이다.
따뜻한 자기성찰의 중심에서 길을 가늠할 때
두려움은 서서히 물러가고,
진심은 더 깊은 울림을 남긴다.
생각과 감정을 그대로 인정하고 바라볼 때,
상처는 평온함으로 다시 피어난다.
오늘 당신의 마음이 건네는 작은 다짐과 습관들이
내일의 방향성과 성취를 묵묵히 세우는 기초가 될 것이다.
무엇보다 나의 마음을 정성껏 돌보고
그 마음으로 세상과 마주할 때,
삶은 비로소 더 온전하고 풍성해진다.
마음을 들여다보고 기록하는 시간, 이제 시작하자!

오늘은 나의 마음이 가장 행복한 첫 번째 날이다.

마음
사람이 본래부터 지닌 성격이나 품성.
사람이 다른 사람이나 사물에 대하여 감정이나 생각 따위를 느끼거나 일으키는 작용이나 태도.

20   년   월   일

묻고 있는 마음
오늘의 문장을 필사하고 나니, 어떤 생각과 감정이 드나요?

삶의 지향점은 마음속에서 피어나며
그곳에서 나를 이해하고 치유하는 힘이 자라난다.

지향점(指向點)
마음이나 뜻이 쏠려 향하는 목표.

20   년   월   일

묻고 있는 마음

당신 삶의 지향점은 무엇인가요?
그 지향점이 당신을 치유하고 성장하게 하는 힘이 되고 있나요?

마음을 돌보면 삶의 중심이 보인다.

중심(中心)
사물의 한가운데.
사물이나 행동에서 매우 중요하고 기본이 되는 부분.

20   년   월   일

묻고 있는 마음

'삶의 중심'이라는 단어를 보고, 가장 먼저 어떤 생각과 감정이 들었나요?

_____

_____

_____

_____

_____

두려운 마음도 성공의 밑거름이 된다.

밑거름
어떤 일을 이루는 데 기초가 되는 요인.
명사 씨를 뿌리거나 모종하기 전에 주는 거름.

20   년   월   일

묻고 있는 마음
지금 당신이 성공의 밑거름으로 삼고 싶은 생각은 무엇인가요?

마음은 조용히 들여다볼수록
진실을 보여준다.

진실(眞實)
거짓이 없는 사실.
마음에 거짓이 없이 순수하고 바름.

20   년   월   일

묻고 있는 마음
그동안 자신을 속이고 있었던 생각은 무엇인가요?

생각과 감정은
옳고 그름으로 나눌 수 없는 존재 고유의 빛이다.

고유(固有)
본래부터 가지고 있는 특유한 것.

20   년   월   일

묻고 있는 마음

지금 내 마음의 상태가 달라진다면, 판단하고자 하는 일의 결과는 어떻게 달라질까요?

마음은 지금도 말하고 있다.
당신은 소중하다고.

소중(所重)하다
매우 귀중하다.
지니고 있는 가치나 의미가 중요하여 매우 귀하다.

20   년   월   일

묻고 있는 마음
내 마음 깊은 곳에 아직 씻기지 않은 감정은 무엇인가요?

'불안한 마음'을 '감사한 마음'으로 바꾸면
미래가 달라진다.

바꾸다
원래 있던 것을 없애고 다른 것으로 채워 넣거나 대신하게
하다.

20   년   월   일

묻고 있는 마음

'불안한 마음'과 '감사한 마음' 중, 당신 삶에서 더 자주 느끼는 감정은 무엇인가요? 이유는요?

마음을 다해 견뎌라.
그리고 다시 도전하라.

견디다
시련이나 고통을 참아내다.

20   년   월   일

묻고 있는 마음
전력을 다해 견뎌야 할 때 당신은 어떤 생각을 많이 하고 어떤 감정을 많이 느끼나요?

인생을 좌우하는 것은 환경이 아니라
그 환경을 바라보는 당신의 마음이다.

환경(環境)
생물에게 직접 · 간접으로 영향을 주는 자연적 조건이나 사회적 상황.
생활하는 주위의 상태.

20   년   월   일

묻고 있는 마음
환경 탓을 멈추고 지금 내가 바꿀 수 있는 마음은 무엇일까요?

내가 쓰는 언어를 다스리는 것,
내 마음을 다스리는 방법이다.

방법(方法)
어떤 일을 해 나가거나 목적을 이루기 위하여 취하는 수단이나 방식.
객관적 진리에 이르기 위하여 사유 활동을 행하는 방식.

20   년   월   일

묻고 있는 마음
내가 자주 쓰는 말 속에 어떤 감정과 태도가 담겨 있나요?

하루에 한 번씩 물어보자.
"내 마음아, 괜찮니?"

하루
한 낮과 한 밤이 지나는 동안. 대개 자정에서 다음 날 자정까지를 이른다.
아침부터 저녁까지.

20   년   월   일

묻고 있는 마음
당신의 마음, 괜찮아요? 이유는요?

마음을 수용하는 것,
존재를 수용하는 것이다.

수용(受容)
어떠한 것을 받아들임.
감상의 기초를 이루는 작용으로, 예술 작품 따위를 감성으로
받아들여 즐김.

20   년   월   일

묻고 있는 마음

오늘 당신이 했던 생각과 느꼈던 감정 중, 수용해 주고 싶은 것은 무엇인가요?

마음을 다해 나를 알아가자.
그것이 우리를 지키는 방법이다.

우리
말하는 이가 자기와 듣는 이, 또는 자기와 듣는 이를 포함한 여러 사람을 가리키는 일인칭 대명사.

20   년   월   일

묻고 있는 마음
최근, 자신에 대해 새롭게 알게 된 사실이 있나요?

당.
신 안의 작은 마음 하나

신.
중히 들여다보니 빛나고 있었어요

이.
순간의 생각과 감정은 존재를 알리는 별이 되어

글.
자와 글자를 비추어 주었어요

이.
렇게 우리를 만나게 해 준 문장을 쓰며 알게 되었어요

다.
정한 그대여 당신이 글이었네요